ÉTUDE ARCHÉOLOGIQUE

SUR

LE CHATEAU ET LE VILLAGE D'OPOUL

JUSQU'AU XVIIE SIÈCLE

PAR

H. BRUEL

Instituteur à Opoul

Ancien élève de l'École normale de Perpignan

Lauréat de plusieurs Sociétés savantes.

OUVRAGE HONORÉ D'UNE SUBVENTION DU CONSEIL GÉNÉRAL DU DÉPARTEMENT DES PYRÉNÉES-ORIENTALES ET MÉDAILLÉ PAR LA SOCIÉTÉ ARCHÉOLOGIQUE, SCIENTIFIQUE ET LITTÉRAIRE DE BÉZIERS, DANS SA SÉANCE DU 26 MAI 1892

PERPIGNAN

IMPRIMERIE DE L' « INDÉPENDANT », RUE D'ESPIRA, 3

1892

ÉTUDE ARCHÉOLOGIQUE

SUR

LE CHATEAU ET LE VILLAGE D'OPOUL

JUSQU'AU XVIIE SIÈCLE

PAR

H. BRUEL

Instituteur à Opoul

Ancien Élève de l'École normale de Perpignan

Lauréat de plusieurs Sociétés savantes.

OUVRAGE HONORÉ D'UNE SUBVENTION DU CONSEIL GÉNÉRAL DU DÉPARTEMENT DES PYRÉNÉES-ORIENTALES ET MÉDAILLÉ PAR LA SOCIÉTÉ ARCHÉOLOGIQUE, SCIENTIFIQUE ET LITTÉRAIRE DE BÉZIERS, DANS SA SÉANCE DU 26 MAI 1892

PERPIGNAN

IMPRIMERIE DE L'« INDÉPENDANT », RUE D'ESPIRA, 3

1892

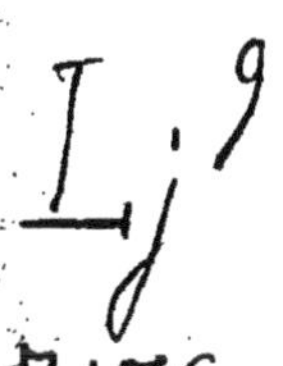

A mes Chefs

A mes Parents, a mes Amis

Au Département des Pyrénées-Orientales

LE CHATEAU ET LE VILLAGE D'OPOUL

JUSQU'AU XVIIe SIÈCLE

I

La commune d'Opoul, située dans les Corbières, à six kilomètres à vol d'oiseau de l'étang de Salces, appartient à la partie la plus septentrionale du département des Pyrénées-Orientales. Elle était comprise jadis dans la province du Roussillon. On y compte aujourd'hui 945 habitants.

Le village est bâti au bas du versant sud d'une haute colline (401^{m} d'altitude). A ses pieds se déroule une petite plaine d'environ 500 hectares, circonscrite par une ceinture de collines calcaires qui lui dérobent la vue de la mer et de la Salanque.

C'est une immense cuvette de forme elliptique dont le bas-fond, d'origine sédimentaire et presque imperméable, serait submergé après des pluies abondantes, sans la présence d'évents naturels, des bétoires, appelés *barranchs* en catalan.

La moyenne de son altitude est de 153 mètres. On la désigne quelquefois sous le nom de *plateau d'Opoul*. Elle produisait en abondance, avant l'invasion du phylloxéra, un des meilleurs vins de coupage ; aujourd'hui, elle est couverte en grande partie de vignobles reconstitués.

Le reste du pays est d'un aspect sévère et presque partout d'une aridité extrême (1). Ce sol montueux et presque entièrement dépouillé de verdure, où les marnes rouges néocomiennes succèdent aux calcaires compactes à caprotines, produit une pénible impression : le naturaliste seul peut être retenu dans ces montagnes sauvages par les curiosités géologiques qui y abondent (2).

II

Le mot « Opoul » est un dérivé de *Oppidum*. La commune tire son nom de l'ancien village qui fut à son origine un oppidum gaulois. On trouve dans les vieilles archives ce nom écrit : Oped, Opeu, Opol. A partir du xiv siècle, on ne trouve plus que la forme Opol ou Opul (prononcer Opoul).

Au N.-O. et à quelques centaines de mètres du village, au sommet de la colline au pied de laquelle il s'appuie, se dressent les ruines du *château d'Opoul*, faisant l'objet de cette étude. On les aperçoit, par un temps clair, de toute la plaine du Roussillon. On croirait voir de loin un immense cirque aux hautes murailles. Ce qui donne cette illusion, c'est le mamelon qui les porte : énorme massif calcaire

(1) Il n'existe sur tout le territoire de la commune qu'une seule source à débit continu : la *foun d'en Génégal ou d'al Ginebra*.

(2) En outre des bétoires dont nous avons déjà parlé, le naturaliste trouvera sur le versant S.-O. de la colline qui porte les ruines du château d'Opoul un banc de fossiles très nombreux, mais peu variés.

ayant pour soubassement un lit de marnes grises ou rougeâtres et bordé de roches abruptes de plus de trente mètres de hauteur. Ce massif est désigné dans le pays sous le nom de *Salvaterra.*

Il est aisé de comprendre que les divers dominateurs de notre pays aient établi sur cette cime, presque inaccessible et qui domine la contrée, (1) un poste d'observation et de défense, capable de prémunir les habitants de la plaine contre les dangers d'invasions venues de France par les défilés des Corbières.

II

Le plateau qui termine ce bloc colossal d'une surface totale de 5 hectares 3930, affecte la forme d'un quadrilatère dont l'un des angles, situé en face du village, est occupé par les débris de la vieille forteresse. La surface couverte par ces ruines, en y comprenant celle des fossés, est de 1198 mètres carrés environ. Un sentier rocailleux et rapide serpente sur le flanc N.-E. du monticule marneux, piedestal de la masse calcaire de Salvaterra, et il en atteint la plateforme après avoir traversé quelques ruines, sans doute celles de la première porte de l'antique place de guerre.

Du château-fort, il existe encore cinquante-cinq mètres environ de la muraille extérieure, n'ayant nulle part

(1) De ce sommet, le touriste peut admirer dans presque toute son étendue, la belle plaine du Roussillon. Son regard l'embrasse dans son cadre de mer et de montagnes et le Canigou, par sa masse imposante, qui émerge d'un horizon indécis, augmente la beauté du tableau et le rend vraiment féerique par un beau lever de soleil.

conservé sa hauteur primitive. C'est une épaisse maçonnerie dont la solidité est aujourd'hui compromise par deux grandes brèches. Elle surmonte la roche à pic et fait le même angle qu'elle. A l'intérieur, quelques locaux presque entièrement détruits, s'appuient sur le mur d'enceinte dont les meurtrières sont les seules ouvertures.

Le château se trouvait séparé du reste de la plate-forme par un profond fossé aujourd'hui comblé en grande partie. Un donjon rond, réduit actuellement à quelques pans de mur, s'élevait, isolé, au bord du fossé : une cour intérieure le séparait des autres constructions.

Le lierre, cet ornement des vieilles ruines, fait défaut à ces débris, tant l'aridité est extrême sur le plateau. Son absence et celle de toute autre végétation perpétuent un effet singulier : il semble que le démantèlement ne date que de quelques années à peine.

A l'extrémité O. du plateau existe une tour en ruines, désignée dans le pays sous le nom de *Toure d'en Gembert*. Solidement assise sous la roche qui la supporte, elle résiste depuis des siècles à de terribles assauts de la *tramontane* qui y fait rage. C'était la plus considérable de celles qui s'élevaient circulairement sur la ligne des remparts, aux bords de la plate-forme (1).

A quelques pas de là, on trouve trois grandes citernes contiguës qui emmagasinaient les eaux nécessaires à la consommation des habitants du plateau (2). Plus loin vers

(1) Une gravure du XVIIe siècle, faite par le chevalier de Beaulieu, nous montre toutes les fortifications du château d'Opoul, à cette époque. Elle n'est cependant pas rigoureusement exacte : elle met, par exemple, la forteresse sur le milieu du plateau quand, en réalité, elle se trouve bien sur le bord.

(2) Deux d'entre elles n'ont plus de voûte ; la troisième est bien conservée. Leur capacité totale, calculée jusqu'à l'intrados des voûtes, est de 326,633 litres. L'aire ou esplanade servant à les alimenter est de 1,680 mètres carrés. — Indépendamment de ces citernes, il en existait une quatrième au centre même de la cour intérieure du château. Sa capacité approximative était de 11,330 litres (calculs faits en 1864, par M. Menestrier, ancien agent voyer chef du département des Pyrénées-Orientales.)

le centre, on voit de nombreuses ruines, celles de l'ancien village ; elles affleurent le sol ou peuvent s'y reconnaître à l'état de substructions.

IV

L'histoire de ce village se confond avec celle du château, qui remplit le rôle prépondérant jusqu'au jour de sa chute. A partir d'alors les habitants, désormais sans défense, quitteront le mamelon sec et toujours battu des vents, pour aller s'établir au bas de la colline à l'abri de la *tramontane* et fonder le village actuel ; mais, à partir de ce moment aussi, ce coin des Corbières, ayant cessé d'être un rendez-vous de guerre, ne sera guère plus cité dans les vieilles archives du Roussillon.

Le village d'Opoul n'est mentionné qu'en 1100 dans une charte où il est cité comme alleu dépendant du *Castrum*. Cependant son existence est certaine avant cette époque. Abritant quelques familles gauloises un oppidum devait exister sur le plateau bien avant la domination romaine.

En ce même lieu, plus tard, fut signalé le *Castlar de Oped*. Ce *Castlar de Oped*, cité notamment par le scribe Puignau, fut justement apprécié des Romains, qui l'occupèrent, ce qui est suffisamment prouvé par la découverte sur le plateau d'un anneau à cachet d'or massif des Chevaliers romains, trouvé par un berger en 1860, et de plusieurs médailles dont l'une fut frappée en l'an 798 de Rome (44 ans avant J.-C.)

Il existait aussi pendant la domination des Wisigoths, et

(*)

nous serions tenté de croire, avec Alart, quoiqu'on ait dit le contraire, que la *Clausura Sordonia*, citée par Julien de Tolède, dans le récit qu'il fit de la révolte du duc Paul contre le roi Wamba, en 672, n'était autre que le *Castrum de Oped* dans le pays des Sardons.

Il est certain que lorsque les Sarrasins et les Normands visitèrent notre pays, *Oped* avait une tour fortifiée bâtie en vue de signaler aux populations l'approche des envahisseurs et au besoin de les défendre même. Sa position dans un pays difficile et sa force tirée de la disposition naturelle des lieux la firent admettre comme lieu de refuge. C'est sans doute à partir de cette époque que le *podium de Oped* fut nommé Salvaterra, mot qui donne bien l'idée du rôle protecteur rempli par le mamelon fortifié.

Il n'existe cependant pas de traces de ces anciennes fortifications. Les ruines qui ont résisté jusqu'à nos jours à l'action du temps décèlent une origine bien moins reculée.

« Au XIIIe siècle, dit Puiggari, on choisissait pour les for-
« teresses une situation d'un difficile accès, protégée par
« des escarpements et des défenses naturelles... Tout
« château avait, en outre, un donjon rond, toujours très
« solide, commandant au loin les dehors et le plus souvent
« entièrement isolé à l'instar des châteaux sur mottes du
« XIe siècle. »

Dans les ruines de notre château, tout prouve sa construction au XIIIe siècle : sa position sur le plateau, son donjon rond et isolé et le caractère distinctif de son architecture, l'ogive de cette époque. Nous trouvons d'ailleurs dans un ouvrage de V. Aragon (1), qu'il aurait été bâti en même temps que la tour de la *Massane*, à l'époque où les fortifications de *Salsula* (Salces) furent restaurées, c'est-à-dire quelque temps avant le traité de Corbeil (1258).

L'érection au XIIIe siècle d'une forteresse sur le plateau de Salvaterra s'explique naturellement. Placée sur l'extrê-

(1) Etude historique sur Força Réal, par V. Aragon, ancien Président de Chambre à la Cour d'appel de Montpellier.

me frontière du royaume d'Aragon, elle se trouvait sur un point stratégique très important : elle commandait les défilés des Corbières, du côté de Feuilla et de Fitou, et pouvait, avec Salces, s'opposer aux invasions françaises.

Il est donc tout naturel d'attribuer sa fondation à Jacques ou Jayme Ier, roi d'Aragon, prince qui fit construire un grand nombre de places fortes dans son royaume.

La *Toure d'en Gembert* date aussi de la même époque : la voûte de forme concave, en maçonnerie épaisse, qui couvre le rez-de-chaussée, et l'escalier construit dans l'épaisseur même du mur le prouvent suffisamment (1). Elle servait à signaler la présence d'ennemis venant du côté de Périllos et à transmettre les signaux qu'elle recevait des tours en vue (2).

V

Au moyen âge, la population du village se composait de quelques familles de bergers et de bûcherons (3) groupées

(1) Quelques personnes croient que ce mot « d'en Gembert » ne serait autre que la corruption de celui de Schomberg, nom d'un des maréchaux de France qui firent la conquête du Roussillon.

(2) *En los confins de Rosselo y Cerdanya ab Fransa se ha de avertir que encara resten moltes torres per senyal de fochs de la una à l'altre comensant a Salses, Taütahull, Força Reyal de a qui a Rigarda y per alt devant montanyas amunt, fins als confins de Arago.* (Bosch).

(3) Dans ces temps reculés, aux environs d'Opoul, se trouvaient des forêts sur lesquelles Perpignan prétendait avoir un droit d'affouage. Ce droit, ayant été poussé jusqu'à l'abus, fut réglé en 1296 par un arbitrage de Jacques Ier de Majorque, qui accorda aux habitants de

sur le plateau ou au pied du mamelon, à l'abri des pilleries des gens de guerre. Par une charte de 1246, sans doute après la construction des nouvelles fortifications, Jacques Ier d'Aragon chercha à y attirer une population plus nombreuse. Elle fut l'objet, par la suite de la faveur de ses rois : des droits d'usage lui furent accordés sur les terres des villages voisins, notamment en 1299 et 1303 (1). Grâce à cette protection, elle augmenta rapidement, et, en 1357, Opol comptait déjà 29 feux ; quoiqu'il fût situé dans un pays bien pauvrement doté par la nature, l'importance de ce village, dans la première moitié du XIVe siècle s'explique, par la protection efficace que ses habitants trouvèrent derrière

Perpignan la faculté de faire du bois dans un quartier déterminé, moyennant une redevance, et défendit aux vicomtes de Périllos, seigneurs de ces forêts, de vendre du bois aux Français, d'établir des fours à chaux, des verreries, etc. Plus tard, les abus reparurent, et dans le XVIIIe siècle, le déboisement se poursuivit sans trêve ni merci. Aujourd'hui, il ne reste plus de trace de ces forêts.

(1) En 1303, en effet, le roi Jacques Ier de Majorque accordait aux habitants d'Opol le privilège de conduire en temps de sécheresse leurs troupeaux de moutons et de chèvres, sur les bords marécageux de l'étang de Salces, à la *Sagne*, où deux sources abondantes sourdent au pied des Corbières. Ce privilège, indispensable à la population de ce pays aride, eut pour conséquence de provoquer une rivalité cinq fois séculaire. Pendant cinq siècles, en effet, les deux communes d'Opoul et de Salces ont été d'irréconciliables ennemies. Bien des procès ont eu lieu, qui n'ont fait qu'envenimer les haines, et aujourd'hui encore, comme lors des premières querelles, Salces conteste des droits qui lui sont trop préjudiciables.

Nous croyons être aussi agréable qu'utile en traduisant l'ordonnance de 1303, qui commence par les mots : *Jacubus Dei gracia rec..., etc.*

Jacques, par la grâce de Dieu, roi de Majorque, comte de Roussillon, de Cerdagne et seigneur de Montpellier, au révérend prieur d'Espira et aux baillis de Tautavel, de Vingrau et de Salces, à tous ceux qui sont présent et à venir et qui dans le temps seront, salut et grâce. Nous avons entendu une plainte des habitants d'Opoul, de ce qu'ils puissent, d'après notre ordonnance faite depuis très longtemps (*) *conduire et tenir leur bétail, pour*

(*) Il s'agit probablement ici d'une ordonnance de 1299, citée quelquefois dans les procédures, mais dont nous n'avons pu retrouver ni l'original ni la copie.

les murs de leur forteresse. Dans ces temps de guerre continuelle, souvent eux-mêmes la défendirent, allant en aide à la garnison trop faible, et leur fière attitude intimida bien des bandes d'aventuriers. Il convient d'ajouter que, dans les occasions difficiles, ils reçurent de puissants secours des habitants de Tura (1), village aujourd'hui disparu, qui existait, croit-on, sur la rive gauche de l'Agly, un peu en aval de Rivesaltes.

Plus tard, lorsque les *grandes compagnies* ne mirent pas de fin à leurs incursions sur la frontière, cette population émigra parce qu'elle fut trop souvent atteinte dans ses intérêts par la perte des récoltes ou des bestiaux ou par d'incessantes réquisitions.

En temps de paix, la garnison du château était réduite à quelques soldats seulement. Une ordonnance de Pierre IV, roi d'Aragon, du 8 des ides de mai 1346, nous apprend

cause de sécheresse, sur les terres de Tautavel, Vingrau et Salces et pendant cette nécessité durant y dépaître, moyennant une redevance pour cette dépaissance, de quinze deniers par mois et par centaines d'animaux, ce qui est de coutume et raisonnable. Vous ou bien quelqu'un des vôtres ayant voulu les en empêcher afin qu'ils ne puissent avoir les jouissances accordées par notre ordonnance susdite, nous ordonnons à vous, à qui que ce soit et à vos successeurs qui seront dans le temps, que lorsque la nécessité de la sécheresse se fera sentir aux habitants d'Opol, ils puissent conduire leur bétail sur les terres susdites, et que vous permettiez à leur dit bétail d'y dépaître et de s'y abreuver, d'y rester et d'y coucher pendant la nécessité durant, laquelle cessant, cette obligation cessera aussi. Nous ne voulons ni n'entendons qu'à cause de ladite nécessité lesdits habitants d'Opol acquièrent aucun titre de servitude pour le temps où cette nécessité n'aura pas lieu. Nous voulons enfin que pour la dite dépaissance ils payent comme il est d'ordinaire et de raison.

Perpignan, le 6e ide d'octobre, l'an du seigneur 1303.

Tel est le titre que la commune d'Opoul fait valoir, et dans le dernier procès, qui s'est terminé en 1884, c'est encore grâce à lui comme dans tous les procès précédents, que la Cour d'appel de Montpellier a confirmé ses droits.

(1) Les capitaines-généraux des Comtés pouvaient enjoindre, en cas de besoin, aux consuls de Tura, ainsi qu'à ses notables, de se réfugier au château d'Opoul et de participer à sa défense (Voir plus loin notre note : *En Ramon per la gracia de Deu...*)

(**)

qu'elle se composait de quatre gens de guerre, d'un *Castella* (châtelain) et d'un portier. En outre, un chien dressé veillait sur les remparts pendant les nuits obscures.

Le *Castella* recevait 1600 *sous barcelonesos* comme solde, avec laquelle il devait pourvoir au besoin de la garnison.

Il est permis de supposer que la plupart des châtelains qui se succédèrent au commandement de la forteresse laissèrent cette garnison dans le besoin, et que les habitants du plateau durent souvent l'entretenir à leurs frais. Des exactions et des servitudes s'établirent ici comme dans les autres petites places fortes du pays, et les souverains de la maison d'Aragon durent créer une législation spéciale pour le gouvernement de ces châteaux-forts, qui prirent à partir de ce moment officiellement le nom de Castell (1).

VI

Le *Castell d'Opol*, au moyen âge, fut très longtemps considéré comme indispensable à la sûreté du Roussillon « tolius Rossilionis », selon l'expression d'un de ses rois. Son importance, ressort d'ailleurs du choix qui fut fait de ses gouverneurs : des Périllos, des Çagarriga et des d'Ortaffa, dont les noms sont célèbres dans les annales roussillonnaises, en eurent le commandement.

Le premier châtelain dont il soit fait mention est Bernat d'Axat. Il fut investi de sa charge en 1339. Guillaume de

(1) *Castell los antichs dixeren oppido, en lo loc molt alt situat, quaix que vulla dir tant con cosa alta, lo qual ab molts murs departida, es tenguda per castell.*

Tautavel, qui semble l'avoir également précédé, lui succéda en 1340. Il occupait ce poste quand éclata la guerre entre Pierre IV, roi d'Aragon et son beau-frère, le roi de Majorque, seigneur du Roussillon (1343). Pendant le blocus de Perpignan, en 1344, les troupes aragonnaises s'emparèrent de toutes les places fortes de la province. Le château d'Opol se rendit, et nous ne pouvons affirmer qu'il ait opposé une bien vive résistance.

Après sa conquête, le roi victorieux organisa le gouvernement du pays usurpé au malheureux Jacques II de Majorque. En même temps que Salces, Tautavel, Força Réal et Corsavi, Opol reçut une garnison, dont l'effectif fut déterminé par l'ordonnance du 8 des ides de mai 1346.

En 1350, François de Périllos fut nommé gouverneur des châteaux de Salces et d'Opol; mais ce gentilhomme de grand mérite ne conserva que très peu de temps sa charge de *Castella* : Pierre IV, qui l'avait deviné, se l'attacha comme chambellan. C'est ce même Périllos qui devint vers 1358, amiral des flottes françaises et aragonnaises et qui, après avoir été comblé d'honneurs, fut indignement abandonné par son roi.

Le 10 août 1351, Pierre d'Aragon concéda la châtellenie du *Castrum de Oped* à l'un de ses officiers, Bernard de Serra, qui conserva son commandement pendant une dizaine d'années environ. La paix qui ne cessa de régner sur nos frontières, pendant ce laps de temps, favorisa la colonisation du mamelon fortifié. Ce fut, pour tout le moyen âge, l'époque de sa plus grande prospérité. Elle ne fut malheureusement pas longue.

En 1360, le chevalier François Çagarriga recevait la même concession « ad vitam suam ». L'inaccessible forteresse vit, à partir d'alors, bien des événements se dérouler dans le Roussillon, et elle eut souvent un rôle actif à remplir.

Pierre IV, prince ambitieux et turbulent, s'était allié, en 1363, à Henri de Transtamarre contre Pierre le Cruel, roi de Castille. Pour cimenter cette alliance, ils se donnèrent réciproquement des otages. Ceux du roi furent retenus au château d'Opol par un officier du duc de Transtamarre. On ne sait guère si l'autorité de cet officier annihila celle de Çagarriga. Ce qu'on sait, c'est qu'il ne s'opposa pas aux déprédations des mercenaires de son prince, les Routiers de Duguesclin, qui traversèrent lentement le pays à cette époque. Les populations eurent beaucoup à souffrir du passage de ces bandes guerrières.

En 1375, François Çagarriga, appelé à d'autres fonctions, laissa la châtellenie à son fils, de même nom, officier de la maison du roi. Le nouveau gouverneur se montra digne de la confiance de son souverain, et quand le comte d'Ampurias, un rebelle, menaça le Roussillon, il mit le château sur un pied de guerre formidable. Il est nécessaire d'ajouter qu'il y avait été invité par le gouverneur des Comtés, le prince Jean, fils aîné de Pierre IV. L'armée du comte d'Ampurias, levée en France, évita les passages du nord des Corbières, qu'elle savait bien défendus, et pénétra dans la plaine par la vallée de l'Agly ; elle fut battue et prise avant qu'elle eût causé de grands dommages (1).

En décembre 1389, d'autres bandes d'aventuriers français et anglais envahirent le Roussillon. Elles servaient la cause du comte d'Armagnac qui venait réclamer, les armes à la main, après la mort du roi d'Aragon, la succession du malheureux Jacques II de Majorque (2).

Elles furent repoussées par le roi Jean, qui avait succédé à son père en 1387. Notre forteresse n'eut pas à intervenir : Força Réal, par son énergique résistance, leur prouva suffisamment que les places fortes du pays étaient inabordables.

(1) De Gazaniola (Histoire du Roussillon).

(2) La fille de ce roi détrôné, Isabelle de Majorque, ayant hérité des droits de son frère, mort vaincu par Pierre IV, les avait vendus au duc d'Anjou, frère du roi de France, et après la mort de ce prince, au comte d'Armagnac.

VII

Dans sa position inaccessible, le château d'Opol n'était guère inquiété par les aventuriers, qu'un blocus aurait trop longtemps immobilisés ; mais, avec sa faible garnison, il ne pouvait s'opposer à la marche des partis nombreux qui passaient souvent, même sous ses murs. S'il ne fut jamais pris à cette époque, il ne put pas non plus toujours sauvegarder les intérêts des populations placées sous sa protection. Aussi, à chaque nouvelle invasion de ces *compagnies*, *fléau* de l'*époque*, c'étaient de nouvelles calamités pour ces populations dont les maigres récoltes étaient toujours saccagées. Cet état de guerre incessant et l'impuissance de la forteresse à assurer la sécurité des paysans, portèrent un rude coup à la prospérité du village et beaucoup de ses habitants émigrèrent.

En juillet 1392, le commandement du château d'Opol fut confié au damoiseau Bernard de Vilacorba. Il ne restait plus en ce moment, auprès de la forteresse, que quelques pauvres ménages, des bergers surtout. Quatre années plus tard la baillie fut réunie à la châtellenie. Cette mesure eut pour conséquence d'assurer plus d'autorité au châtelain et d'arrêter l'émigration au moment où tous les bras allaient être nécessaires.

En effet, un nouveau danger pour le pays était imminent. Le roi Jean venait de mourir. Son gendre, Mathieu, comte de Foix, prétendit lui succéder. Il essaya d'envahir le Roussillon ; mais sa tentative échoua grâce à la vigilance du vicomte de Périllos, capitaine-général et du gouverneur des Comtés, qui avaient pris des mesures énergiques pour se prémunir contre toute surprise (1). Le château d'Opol, en cette circonstance, avait repris sa physionomie des grands jours, sa garnison avait été renforcée d'un corps nombreux levé à Tura : il ne vit pas l'ennemi.

Les mêmes mesures furent prises quand le maréchal de Boucicaut menaça le Roussillon en 1412, pour revendiquer les droits du nouveau duc d'Anjou sur cette province.

Cependant le service dont ils étaient chargés au podium à tout propos fit protester tous les habitants d'Opol. Leur empressement à le défendre, jadis, avait fait naître une servitude, et maintenant qu'ils étaient peu nombreux sur le plateau, elle était devenue au-dessus de leurs forces. Leurs consuls adressèrent, en 1433, à la reine Marie, qui gouvernait en ce moment pendant l'absence du roi Alphonse V, une longue plainte où ils exposaient les motifs qui les déterminaient à lui retirer leur concours. Ils remirent au lieutenant du Procureur royal les clefs de la « *molo d'Opol* », sur laquelle « ils continueront néanmoins, disaient-ils, à exercer une active surveillance ». Il n'aurait

(1) *En Ramon per la gracia de Deu, vesconte de Perillos e de Roda, capita general et Ramon Çagarriga, cavaller governador dels comtats de Rosselo e de Cerdanya als amats los consols e altres promens del loch de Tura, salut e dileccio.*

Com lo Castell e força d'Opol qui es constituida en los confinits de la terre del señyor rey, estiga en perill per les insultes de las compañyas estranges del comte de Foix, et aco per lo gran défalliment de gents, lo qual es en lo dit castell e vosaltres qui sots de la reculleta del dit castell difugits e recusats recullir vos en aquell, per la qual cosa, ço que Deu no vulla se poria seguir gran escandol e dampnatge, perço de part del señyor rey, e instant lo castella de Opol qui raçons ha fort instantment request a vos altres e a que quascun de vos altres diem e manam expressament e de certa sciencia sots la fe e naturalesa que sots tenguts al señyor rey, que encontinent vos reculliats en lo dit loch de Opol e Castell daquell, a fets gaytes et bades e totes altres necessaries a tuitrio e defensio del dit Castell les quals a vosaltres fer seran manades per lo castello del dit Castell e gardats vos que aço no mudets a dilatets per alguna raho o menera, con axi de certa sciencia haiam ordonat ques fassa.

Dada a Perpiñya a 25 de noembre del an 1396.

pas été prudent d'exonérer la population de sa charge : sa plainte ne fut pas entendue. Heureusement que le calme se fit sur les frontières (1) et qu'elle put revenir à ses occupations naturelles (2). A cette époque, Bernard de Vilacorba n'était plus au château; en 1424, il avait démissionné en faveur de Pierre d'Ortaffa, qui avait épousé sa petite-fille.

VIII

Nous arrivons à une époque bien malheureuse de l'histoire roussillonnaise.

En 1462, Jean II, roi d'Aragon, ayant à réprimer une

(1) La tentative du Bastard de Bourbon, en 1438, ne semble pas avoir inquiété notre forteresse.

(2) C'est à cette époque que commencèrent les débats d'un long procès intenté par les habitants d'Opol à la communauté de Salces, pour avoir méconnu le privilège concédé par l'ordonnance du 6 octobre 1303. Ce différend se termina le 12 septembre 1439 par l'ordonnance suivante que nous reproduisons parce qu'elle constitue, comme celle de 1303, un titre pour la commune d'Opoul d'une très grande importance : *En Pere Roure, lochtenent del molt honorable mossent Bernat Albert, cavaller procurador reyal y feudal en los comtats de Rosseló y de Cerdanya. E en Père Ros lecentiat en leys lochtenent del honorable Nestore Mir jutge del patrimony reyal en los dits comtats, al reverend prior de Spira e a tots altres officials y batlles dels lochs de Tautaull, de Vingrau y de Salses presents y es devenir o a lurs lochtenent als quals los presents parvendran y les coses dejus scrites en qualsevol manera se partenguen salut y honor, certificam vos ab la presente en estat al los presentat per los honrats en Guillem Auror y Ramon Matheu, consols l'any present de la universitat del loch de Opol, alias Salvaterra, un privilelge atorgat a la universitat d'Opol per lo señyor rey en Jaume de bona memoria, Segellat ab son Segell*

révolte, céda au roi de France Louis XI, le Roussillon et la Cerdagne pour 200,000 écus d'or nécessaires à la solde d'une armée de mercenaires. N'ayant pas l'intention de s'acquitter de son engagement, Jean II fomenta un soulèvement contre l'armée française qui prenait possession des provinces cédées. Une guerre sans merci s'ensuivit : elle fut bien funeste à notre pays.

Dès le 9 juillet 1463, Salces fut investi par l'armée du roi de France et capitula trois jours après.

Les Français n'attaquèrent pas le château d'Opol : ils passèrent sous ses murs, se répandirent dans la plaine et allèrent mettre le siége devant Perpignan. Pierre d'Ortaffa, gouverneur de notre château, quitta son poste, s'enferma dans la capitale assiégée et devint l'un des héros de la résistance.

Nous ne suivrons pas les événements qui rendirent peu à peu Louis XI maître de notre pays ; il nous suffira de dire que lorsque Perpignan se rendit, le 14 mars 1474, Opol,

pendent de lo thenor seguent (Suit ici le texte de l'ordonnance de 1303) : *E com nos ara novellement sian clarement informats per los dits honrats consols que vos dit batlle de Salses no contrastant lo priviletge de mont inscrit havets penyorat o fet penyorar contre lo dit priviletge en Joan Guilla de Opol, dues cabres e dos crestats no contrestant lo priviletge dins lo present titra insertat e continuat de la qual cosa sta en veritat molt marevellat e no sens causa, per la qual raho habem deliberat e ordonat, per vigor de dit priviletge de mont inscrit que les dites penyores sien tornadas e restituidas sens ningune contredictio al dit Joan Guilla, o a qui ell voldra e a ço sots pena de vingt y cinq lluiras aplicadores al offici de la procuratio reyal si contrefarets sens esperansa de haver gracia, com nos per seguretat aiau prese ferme dels dits consols que ells volen star a dret, e, cosa jutgada en tot co e quant que sieu tenguts tota vegada que sia pronunciat y declarat per nos en esobre lo dit penyorement, no prejudicant ni locant empero à la gratia del dit privletge aixi com aquestas cosas e altres largement san contengudas en una obligacio resebuda vuy dada de la present per lo discret en Ramon Ferrer, notari et scriba del dit patrimoni.*

Dada a Perpiña a dotse dies de setembre de l'any mil quatre cens trente nou.

Signé : BOSCH.

comme toutes les autres places fortes, avait une garnison française. Pierre d'Ortaffa, ne voulant pas servir un prince étranger, s'expatria avec plusieurs autres gentilshommes et principaux citoyens.

A mesure que nous avançons dans les temps modernes, nous voyons le château d'Opol perdre considérablement de son importance. Il n'est presque plus question de cette forteresse après la conquête de Louis XI. Il n'y a rien d'étonnant à cela : le château, imprenable au moyen âge, n'était plus capable que d'une très faible résistance depuis que dans les armées on se servait d'artillerie. D'ailleurs, les rois d'Aragon avaient tant négligé les fortifications roussillonnaises que presque toutes, en 1463, tombaient en ruines. Salces ne put résister que trois jours à cause de ses murailles délabrées, et il est fort probable que le château d'Opol n'était pas en meilleur état. Mais, en compensation, à cette époque, la contrée connut une longue prospérité et la population du village s'accrut.

En 1493, les deux comtés furent restitués à l'Espagne sans cependant faire la réconciliation des deux puissances.

Ferdinand le Catholique, jaloux des faciles conquêtes de Charles VIII, en Italie, entra dans la coalition pour chasser les Français de la Péninsule. Par le traité qu'il conclut le 31 mars 1495 avec les ennemis du roi de France, il s'en gagea à fournir une armée qui devait envahir le Languedoc, pendant que celle des coalisés refoulerait Charles VIII d'Italie.

Cette armée fut, en effet, organisée, dans la plaine d'Opol, sous la protection de la forteresse. Elle se composait de quatorze cent lances et d'une infanterie à peu près égale. Après s'être avancée jusqu'auprès de Carcassonne, elle dut se retirer et sa retraite attira sur le Roussillon quelques représailles dont Salces eut le plus à souffrir.

Pendant la longue rivalité de François Ier avec la maison d'Autriche, le Roussillon fut souvent le théâtre de combats entre Français et Espagnols ; mais le château d'Opol dut avoir un rôle bien effacé. puisqu'il n'en est jamais fait mention. On ne le voit sortir de l'ombre qu'en 1598.

Henri IV, reconnu roi de France, chassait les Espagnols de son royaume. Dans le Midi, les Français envahirent le Roussillon ; mais, après quelques succès suivis de revers immédiats, ils durent l'évacuer en ne gardant que le château d'Opol qu'ils avaient pris le 9 mars 1598. Ils le fortifièrent pour s'y maintenir ; le traité de Vervins (2 mars 1598) le rendit à l'Espagne.

IX

Au commencement du XVIIe siècle, le Roussillon ne connaissait plus sa grande prospérité du moyen âge. De mauvais jours était venus : l'agriculture était partout en souffrance, les usines se fermaient, la population émigrait. Nous ne pouvons donner ici les causes qui eurent de si déplorables effets ; mais nous pouvons dire qu'elles eurent pour résultat de rendre la domination espagnole odieuse aux Roussillonnais, traités souvent d'une façon indigne. Poussés à bout, ils se donnèrent au roi de France (1), et si Louis XIII ne leur laissa pas une vie indépendante à laquelle ils avaient aspiré, du moins leur donna-t-il les moyens de renaître à la vie agricole et industrielle.

Ce ne fut cependant pas sans opposer une vive résistance que les Espagnols abandonnèrent les deux Comtés. Les débuts même de la guerre ne furent pas favorables

(1) Convention du 20 février 1641,

aux Français ; mais par la suite, la tyrannique pression exercée par les chefs espagnols sur les populations les souleva et rendit la tâche plus facile aux armées du roi de France. La guerre dura vingt ans et ne se termina que par la réunion définitive du Roussillon et de la Cerdagne à la France (Traité des Pyrénées, 7 septembre 1659).

Le château d'Opol avait été pris dès le commencement des hostiliiés, le 10 juin 1639.

Une armée française, de 18,000 hommes, commandée par Henri de Bourbon, père du Grand Condé, venait d'investir la place de Salces. Un détachement formé du régiment du Languedoc et d'une compagnie de cavalerie s'empara de notre forteresse sans coup férir (1). Le châtelain de cette époque était un jeune officier castillan, un alfarez (lieutenant) nommé *Nuñez Geraldo*. La garnison qu'il commandait était forte de soixante-onze hommes.

Ce malheureux officier vit *Castell-Vell* (2) occupé par les Français et entendit une formidable artillerie canonner le fort de Salces. En outre, un corps espagnol fut battu sous ses yeux sur le chemin de Salces à Opol. Surpris par la rapidité de l'invasion et la vigueur de l'offensive, il perdit la tête et remit la place sans conditions (3).

Après la capitulation, Nuñez Geraldo fut renvoyé par ses vainqueurs à Perpignan où il fut arrêté à l'entrée de la

(1) L'armée du roy, en Languedoc, est entrée dans le Roussillon. On a pris le château d'Aupoulz qui estait imprenable qu'avec beaucoup de peine et de temps si le gouverneur ne se fust estonné. Le gouverneur de Perpignan luy a fait couper le col à son arrivée pour avoir rendu la dite place.......................................

(Lettre du cardinal de Richelieu au maréchal de la Meilleraie, alors au siège d'Arras).

(2) Petit fortin dont les ruines couronnent un mamelon conique, à quelques kilomètres au sud d'Opoul.

(3) Le *Mercure historique* de l'époque fit le récit de la prise du château d'Opol. Il commit une erreur en disant que le fort n'ouvrit ses portes qu'après onze jours de siège. Tous les documents, notamment la lettre précédemment citée de Richelieu, disent qu'à la première sommation faite à l'arrivée du détachement français sous ses murs, le gouverneur le rendit.

porte Notre-Dame. Il fut jugé et condamné à mort le 12 juin pour n'avoir pas usé de tous les moyens capables de con server la place à son roi. Le lendemain il subit le supplice du garrot *(strangulation)* au coin du Consulat de mer (le café de France actuel).

La France et l'Espagne se disputèrent avec acharnement la place de Salces, qui ne se rendit qu'après quarante jours de siége. Cette résistance donna le temps au roi d'Espagne d'envoyer sur le théâtre des hostilités une armée de 30,000 hommes et un bon général, le marquis de Spinola, qui obligèrent les Français, avant la fin de l'année, à repasser la frontière.

Le château d'Opol resta au duc de Bourbon, mais son rôle était terminé (1). Et lorsque le Roussillon fut définitivement occupé par les armées de Louis XIII, en 1642, les murs de la vieille forteresse, désormais inutile, étaient demantelés en exécution des ordres de Richelieu.

Toutes les places fortes des Corbières subirent le même sort et Salces seule n'échappa à l'arrêt du terrible Cardinal que parce qu'elle fut reconnue utile à l'influence française dans le Roussillon. Aujourd'hui, pour révéler leur position sur l'ancienne frontière, il ne reste plus que des ruines informes, et celles du château d'Opol sont encore de toutes les plus imposantes.

(1) La lettre suivante du duc de Bourbon, prince de Condé, à son ami de Chavigni prouve quel grand cas on faisait encore au XVIIe siècle du château d'Opol, puisqu'il en parle comme d'un dédommagement en compensation de son échec dans le Roussillon : « Je ne puis tenir de vous dire qu'encore que les orages m'aient « empesché de secourir Salces, je croirais être parfaitement bien dans « l'esprit de M. le Cardinal. J'ay eu prospérité cinq mois en toutes « choses, j'ai pris Salses en cinq semaines et ay esté en personne à « l'assaut. Cette même place tient depuis trois mois et a défait une « armée de 30,000 hommes qui serait en Italie. Il me reste de mes « conquêtes Hautpouls et Tautavelle. »

CONCLUSION

Tel a été le passé de cette forteresse, de ce bloc colossal des Corbières qui attire tous les amateurs de vieux souvenirs visitant le nord du département. Son rôle n'eut pas l'éclat des célèbres citadelles du moyen âge, dont les débris ont eu tant d'historiens; le sien fut plus modeste : il contribua à assurer un peu de tranquillité à une province qui trouva sa plus pure gloire dans son industrie et son agriculture. Mais pour si modeste qu'il ait été, il n'en fut pas moins utile, et c'est avec joie qu'après un long travail nous sommes parvenu à le dégager d'ouvrages et de documents où il passait inaperçu.

Nous ne nous faisons pas cependant d'illusion sur la valeur de cette étude. Il aurait fallu une plume plus autorisée que la nôtre pour l'écrire.

C'est pourquoi nous serons toujours assez heureux si jamais quelque touriste, impatient de connaître le passé du *château d'Opoul,* daigne nous lire et si nous pouvons ainsi lui être agréable.

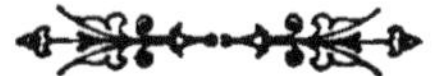